I0384913

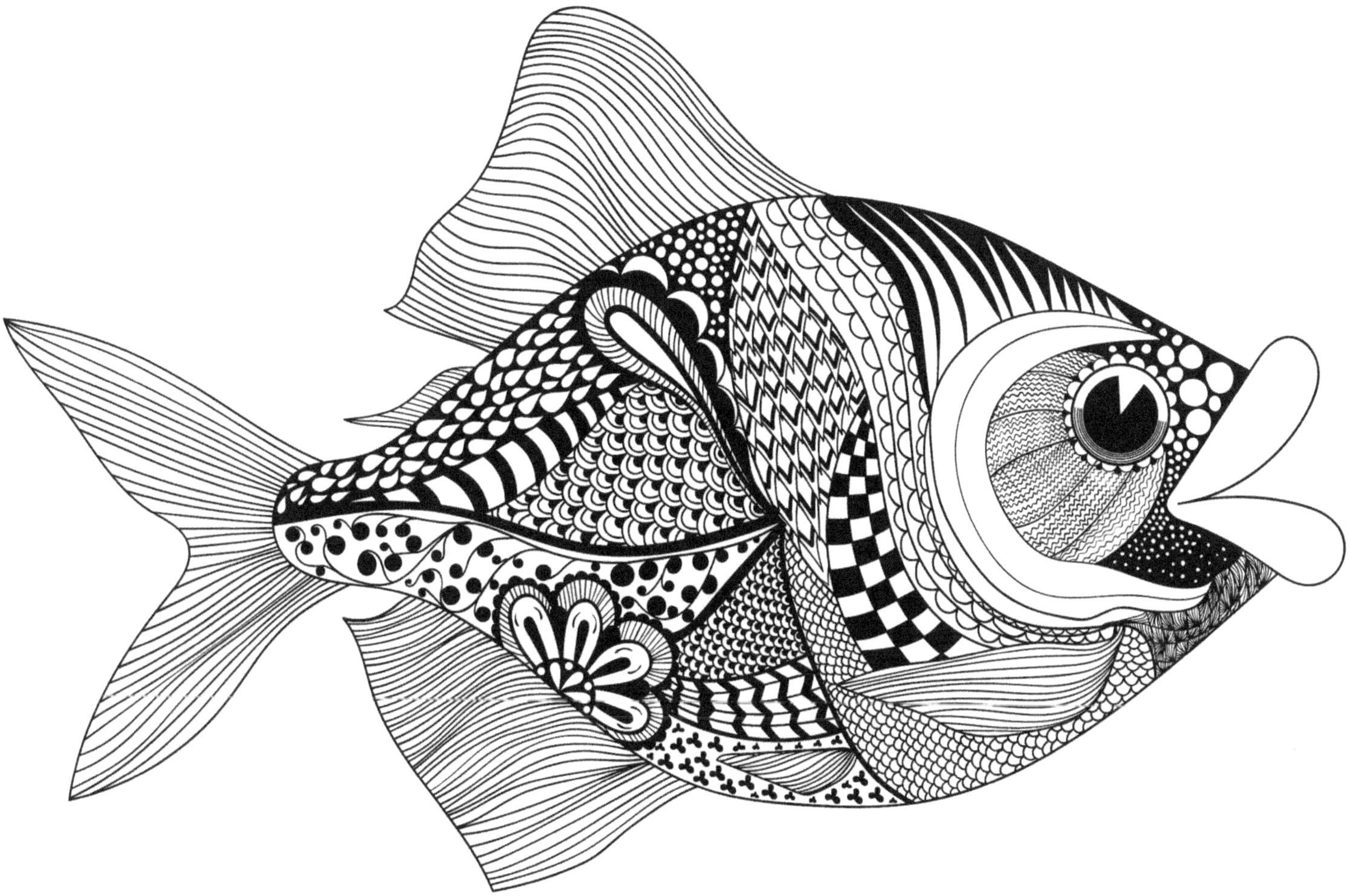

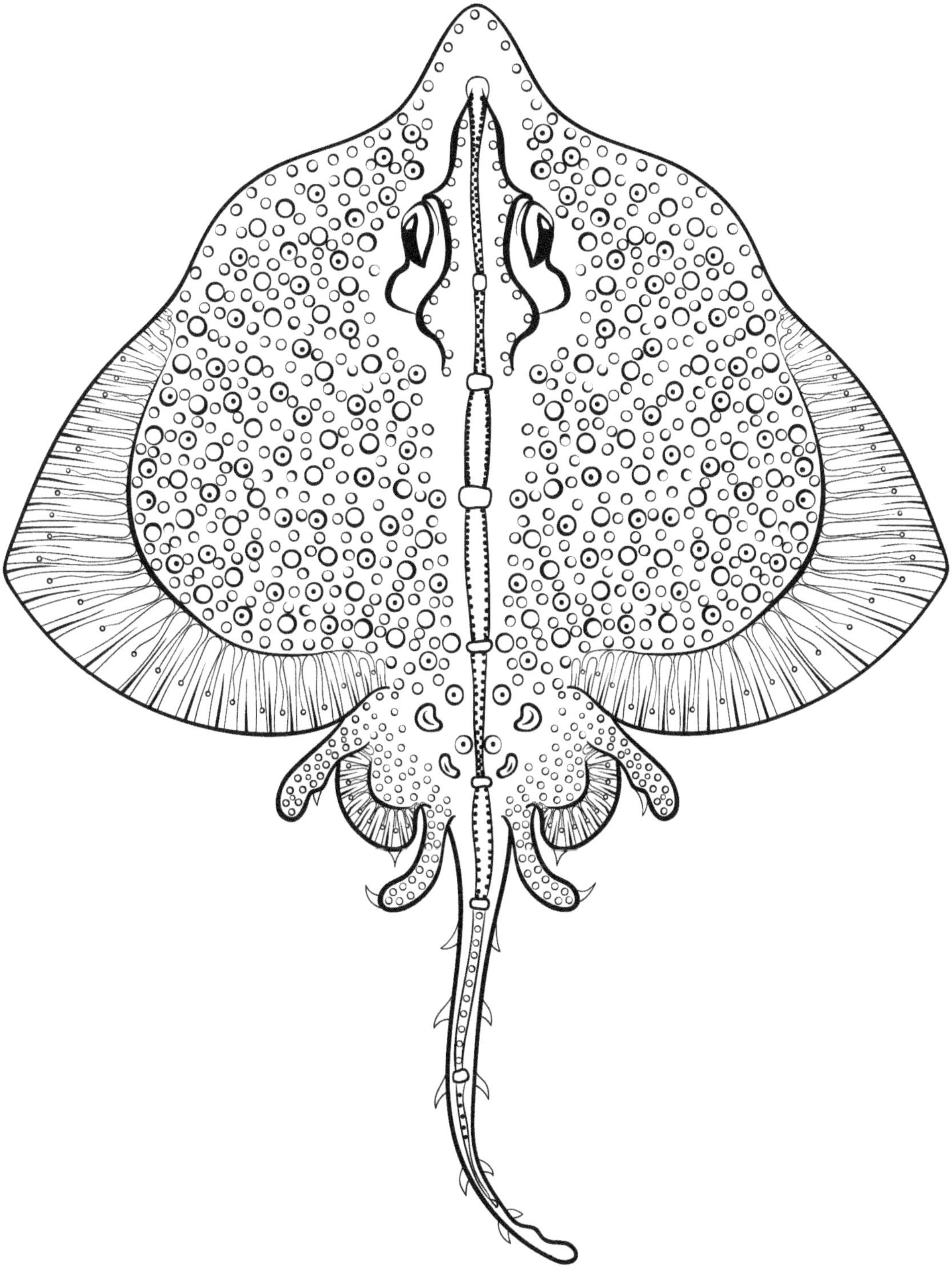

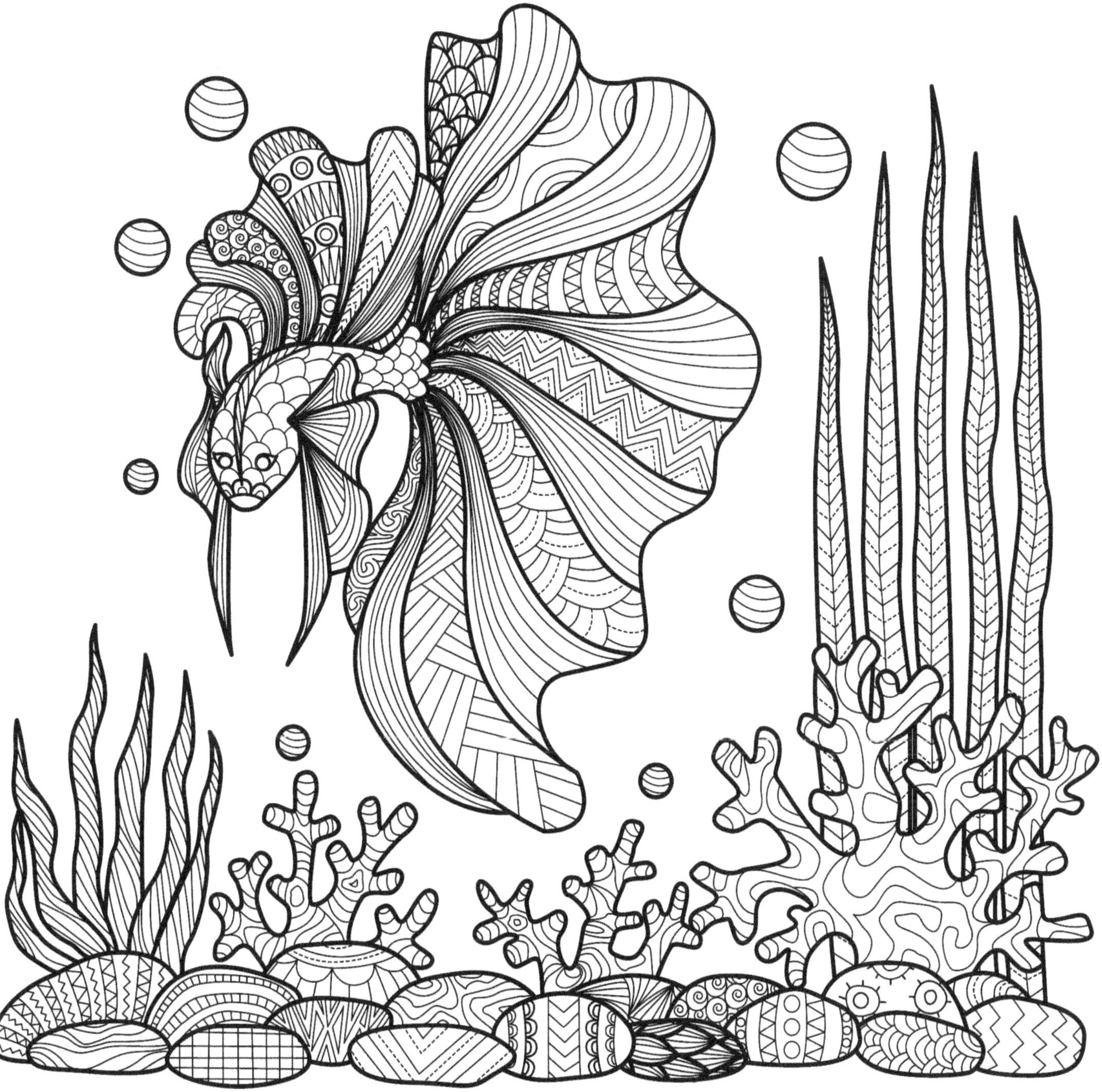

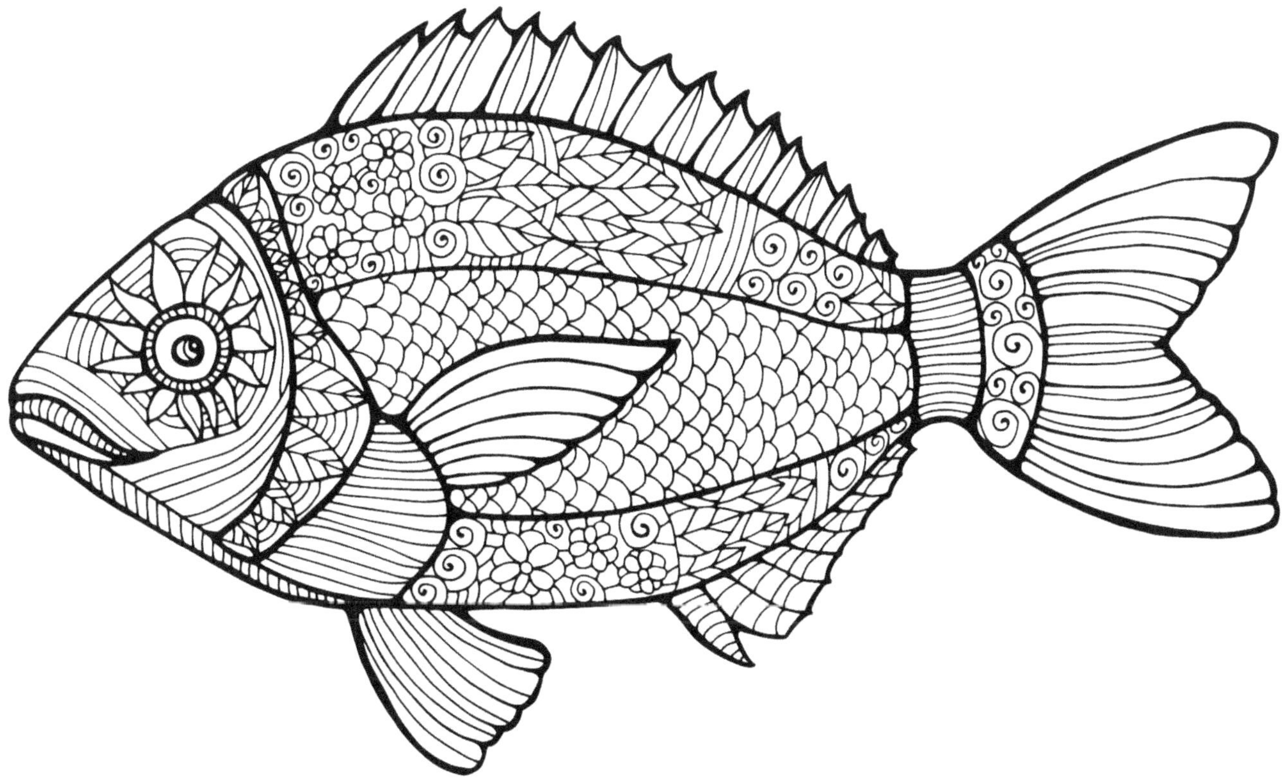

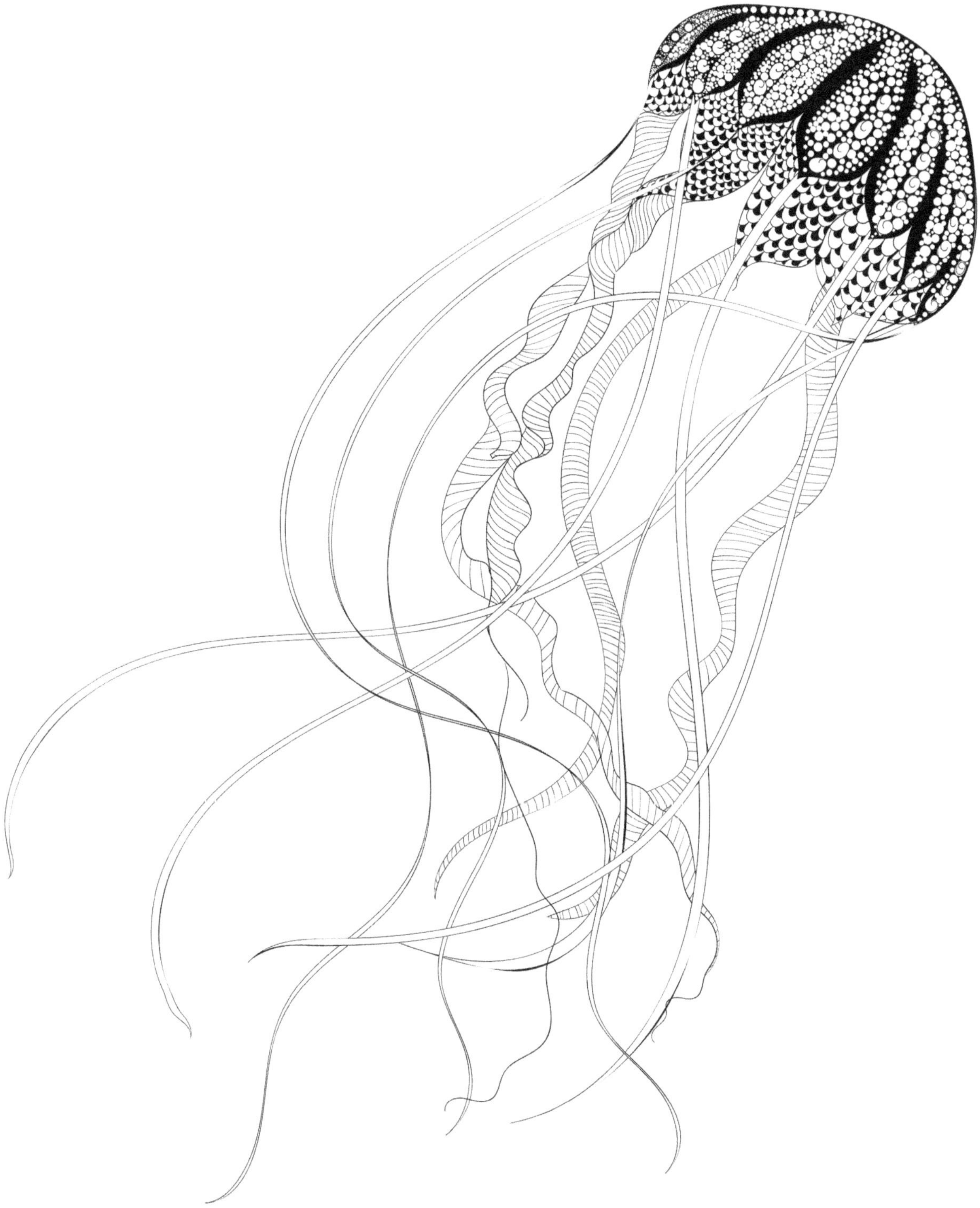

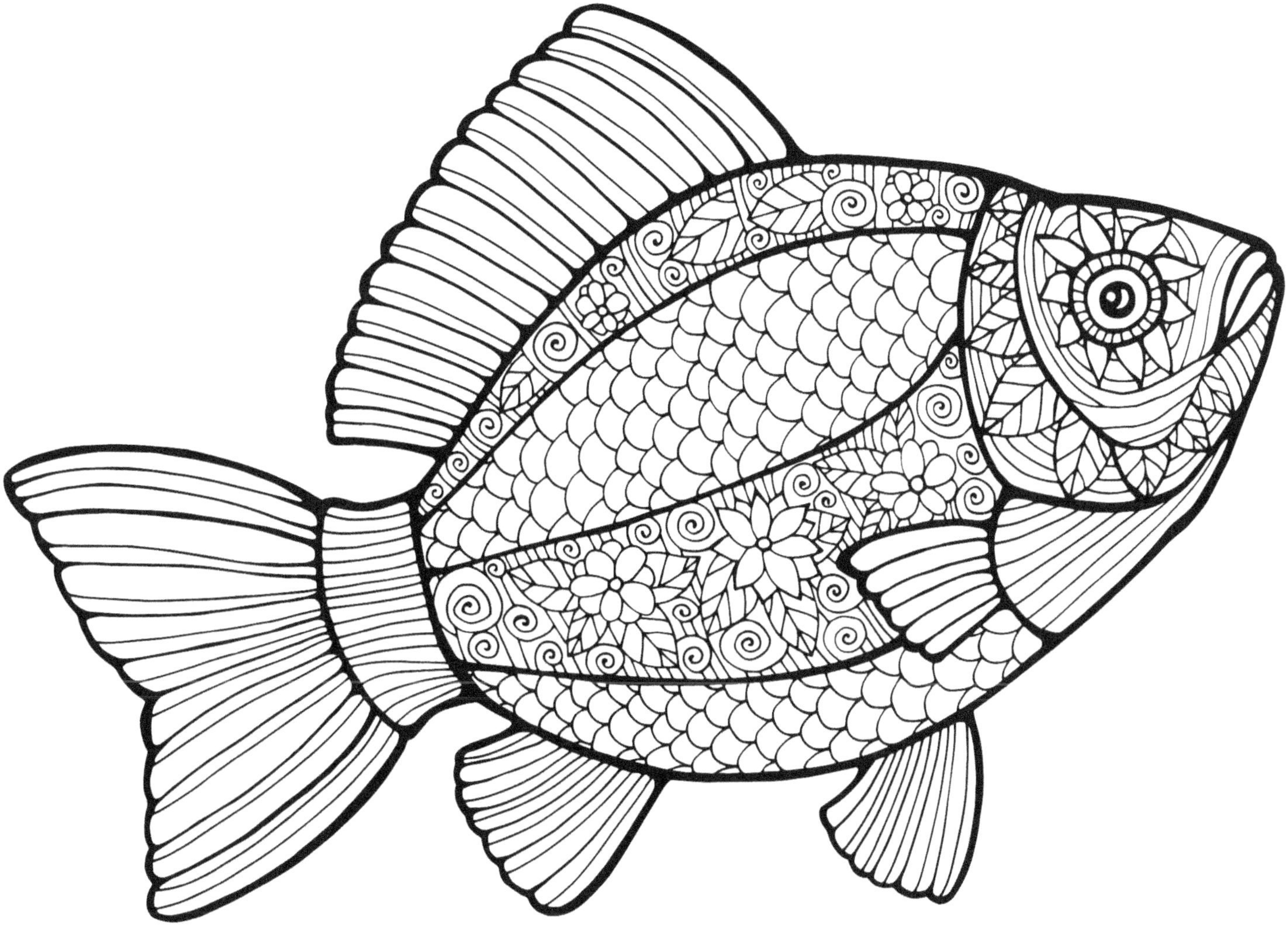

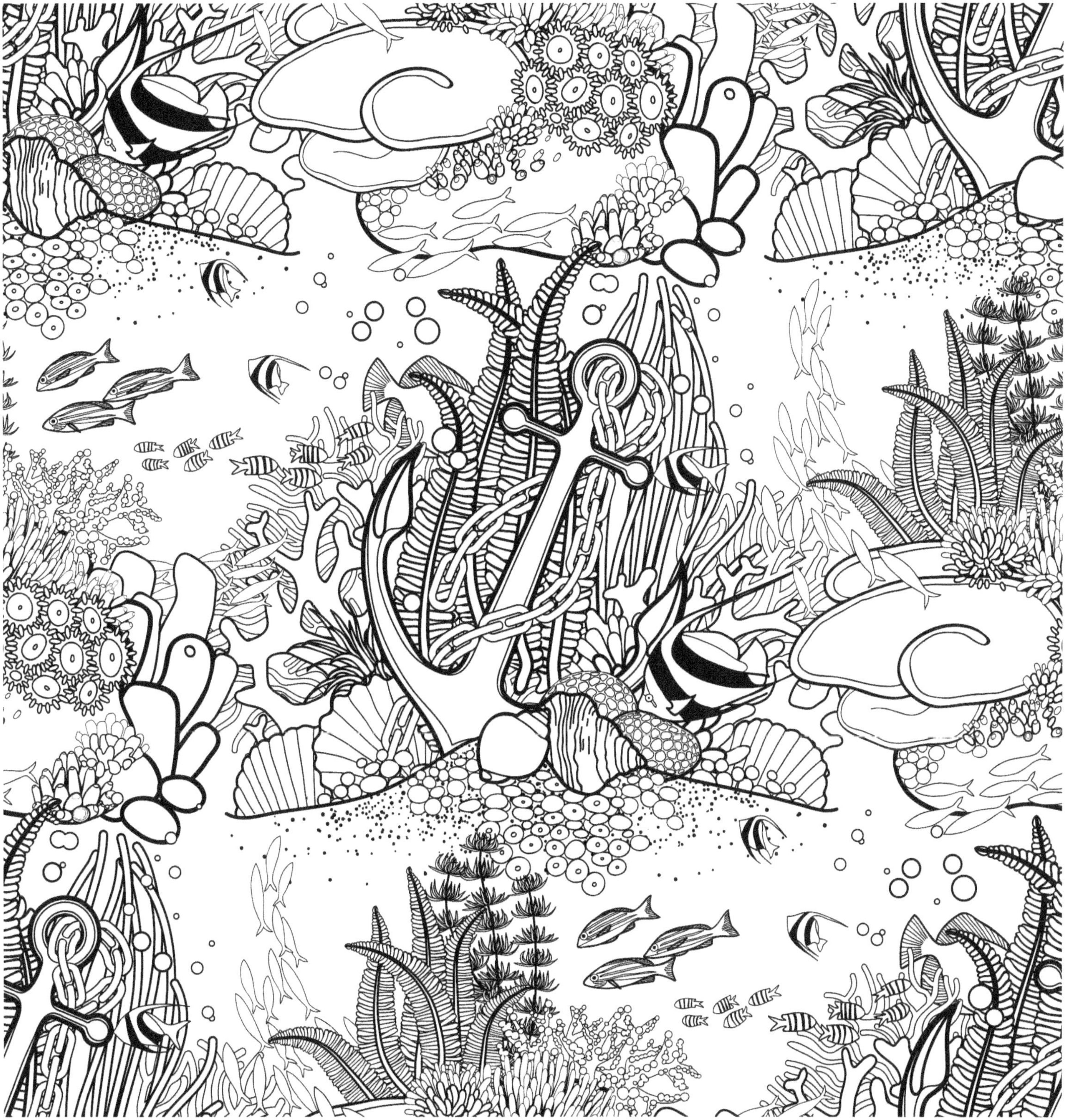

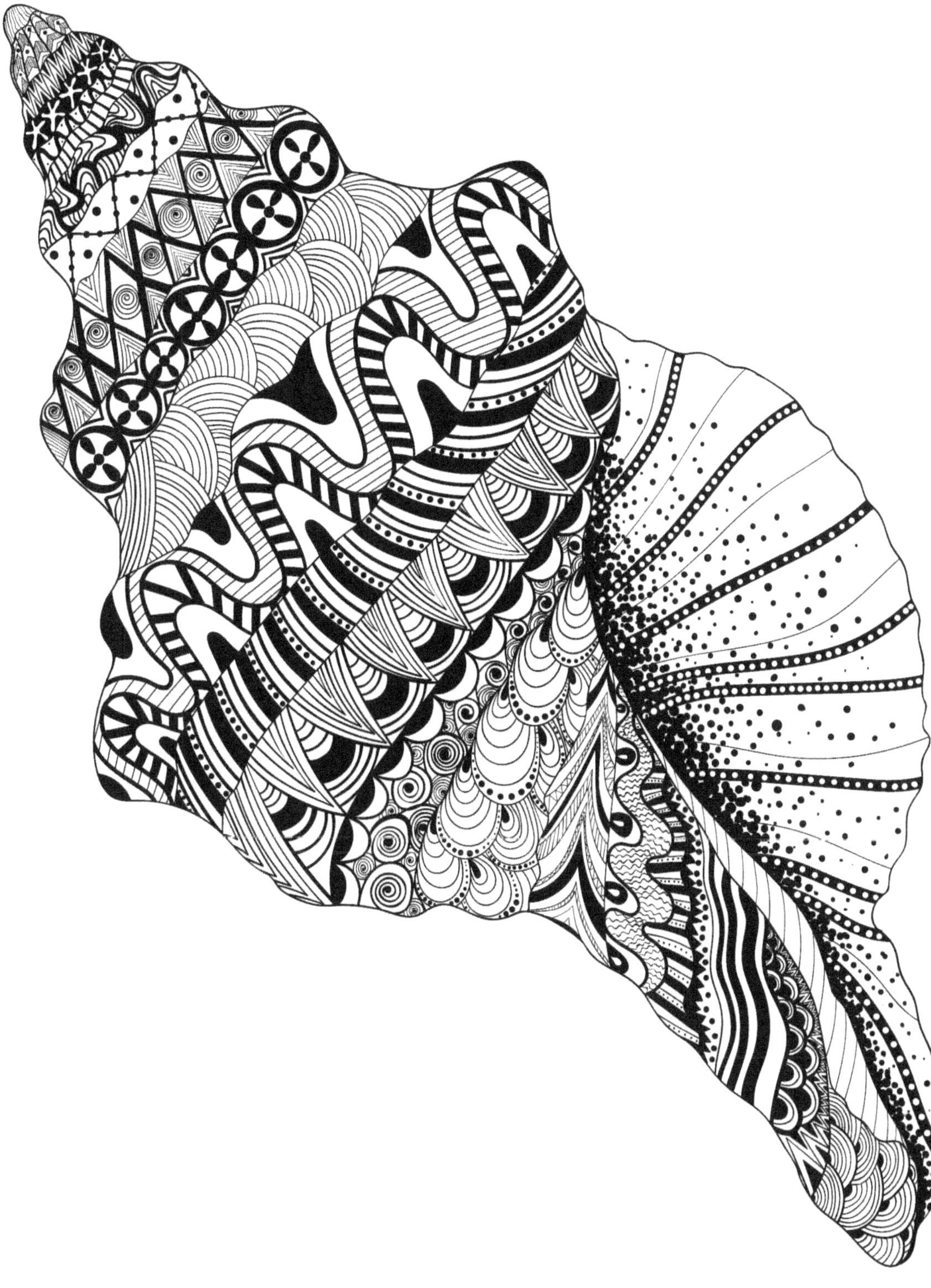

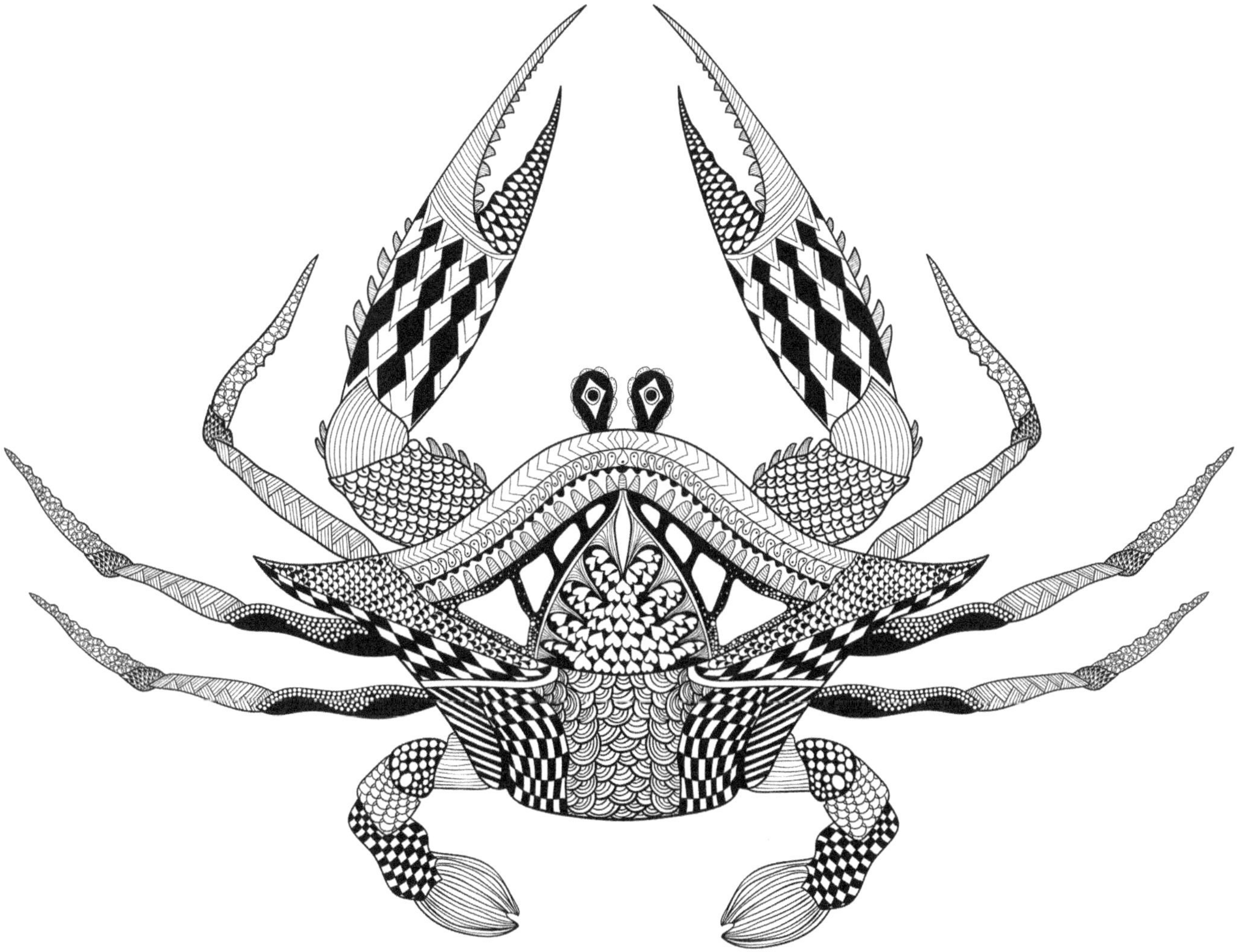

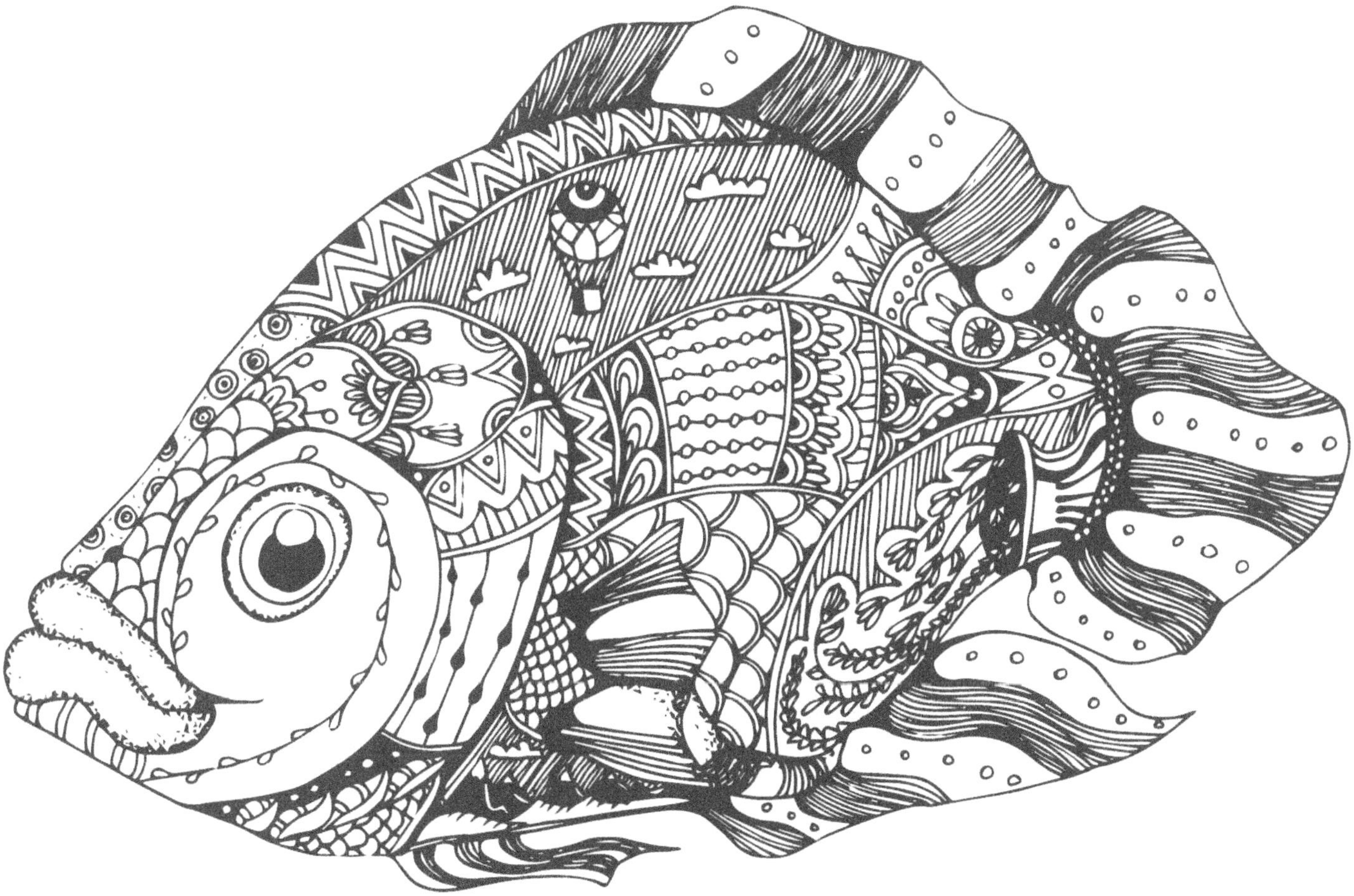

www.ingramcontent.com/pod-product-compliance
Lightning Source LLC
Chambersburg PA
CBHW081510080526
44589CB00017B/2711
* 9 7 8 1 7 7 3 8 0 0 5 0 9 *